BALATON

Es fotografierte Endre Rácz
Den Text schrieb Tibor Tüskés

VEB F. A. Brockhaus Verlag Leipzig

Einband Vorderseite:
Jachthafen von Tihany

Einband Rückseite:
Weinbauernhaus am Fuß des Badacsony

Aus dem Ungarischen von Johann Arndt

ISBN 3-325-00202-1

1. Auflage

Lizenz-Nr.: 455/150/46/89 · LSV 5329
Lektorat und Bildauswahl: Gisela Seidel
Reihengestaltung: Hans-Jörg Sittauer
Layout: Claus Ritter
Printed in the German Democratic Republic
Gesamtherstellung: Druckerei Fortschritt Erfurt
Redaktionsschluß: 31. 1. 88
Bestell-Nr.: 586 165 6
01000

GRÖSSERE WASSERFLÄCHEN IM BINNENLAND bereichern die Landschaft. Das gilt in besonderem Maße für den größten Binnensee Europas, den Balaton, auf älteren deutschsprachigen Karten mit Plattensee bezeichnet. Mit jetzt 595 km^2 Fläche übertrifft das »Ungarische Meer« sogar den Genfer See.

In Westungarn gelegen, folgt seine Längsachse von Nordost nach Südwest der Streichrichtung des Bakony, dem der See, durch das Balaton-Oberland getrennt, vorgelagert ist. Das 77 km lange, 5–13 km breite Seebecken wird durch die weit in den See hineinragende bergige Halbinsel Tihany in ein kleineres Nordost- und ein etwa doppelt so großes Südwestbecken gegliedert, die beide durch eine kaum 1300 m breite Enge verbunden sind. In ihr liegt im »Tihanyer Kolk« mit 11 m Wassertiefe die tiefste Stelle des ganzen Sees. Für seine Größe ist der durchschnittlich 3–4 m tiefe See außergewöhnlich flach. Am Nordufer wird diese Tiefe fast überall auf kurzer Strecke erreicht, am Südufer erhebt sich der weithin ebene Seeboden allmählich und bildet einen 0,5–1 km breiten, flachen, durch Strandwälle gegliederten Sandstrand, der mit 70 km Länge zu den längsten sandigen Seestränden eines europäischen Binnengewässers zählt. Mit seiner geringen Tiefe verfügt der See nur über ein begrenztes Wasservolumen von 1,8 Mrd. m^3.

Der Wasserhaushalt des Sees beruht auf dem Gleichgewicht von Niederschlag und Abfluß eines ca. 5000 km^2 großen Einzugsgebietes, dessen Wasser dem See überwiegend durch die Zala, die im Westen südlich von Keszthely mündet, und eine Reihe kleiner Bäche, die das Balaton-Oberland entwässern, zugeführt wird, und der Verdunstung der Wasserfläche sowie dem Abfluß durch den kanalisierten Sió. Das Wasser des Sees erneuert sich im Verlauf von 2–3 Jahren. Im Naturzustand reagierte der See bereits auf kurzzeitige Veränderungen dieser Wasserhaushaltsgrößen durch Steigen und Fallen des Seespiegels. Seit 1863 wird der See durch Schleusen am Sió ganzjährig auf der Höhe von 104,6 m gehalten.

DER SEE VERDANKT SEINE ENTSTEHUNG tektonischen Bewegungen der Erdkruste in geologisch sehr junger Zeit.

Am Ende der letzten Kaltzeit sank entlang der bereits bestehenden Bruchlinien eine schmale Scholle ab, vor 20–22000 Jahren füllte sich diese langgestreckte Senke mit Wasser. Klimaschwankungen führten wiederholt zu bedeutenden Veränderungen des Wasserstandes und damit des Umrisses. Während seines Entstehens bedeckte der See eine Fläche von ca. 1000 km^2, er schloß den Kis-Balaton und die weiten Ebenen an der Südküste mit ein, Tihany, Szigliget und der Burgberg von Fonyód ragten als Inseln aus der Wasserfläche heraus. Vom 12. bis 5. Jh. v. u. Z., im Neolithikum, schrumpfte der See in einer trockeneren und wärmeren Periode immer mehr ein, bis er zuletzt nur noch aus einem ausgedehnten Sumpfgebiet mit kleinen offenen Wasserflächen an den tiefsten Stellen des Seebodens bestand. Bei wieder zunehmenden Niederschlägen und abnehmenden Temperaturen vergrößerte sich der Zufluß und verringerte sich die Verdunstung. Aus dem Moorboden entstand eine Torfschicht, die heute große Teile des Seebodens unterlagert. Aber noch zur Zeit der ungarischen Landnahme im 10. Jh. muß der Seespiegel 2 m tiefer als heute gelegen haben. Er stieg bis um 1500 auf 108 m und fiel seit dem 17. Jh. allmählich auf 105 m, und im 19. Jh. wurden der Wasserstand bei 104,6 m stabilisiert, die versumpften Niederungen an der Südseite großenteils trockengelegt.

Seinen besonderen Reiz verdankt der Balaton der das Seebecken umrahmenden Landschaft mit ihren auffallenden Oberflächenformen. Am Nordufer des Sees zieht sich ein terrassenförmig ansteigender Landstrich entlang, der, als Balaton-Riviera bezeichnet, besondere Klimagunst besitzt. Er endet an einem Steilhang, der zum Balaton-Oberland hinaufführt, einem aus anstehendem Kalk mit schütterer Vegetation bestandenen, durch Täler gegliederten Plateau. Besonders eindrucksvoll sind im Westen die durch Bruchtektonik bedingten kleinen Becken, umgeben von markanten basaltgekrönten steilhängigen Zeugenbergen, die mit ihrer Kegel- und Tafelform das Landschaftsbild bestimmen. Entlang der Südküste enden die breiten, von mächtigen Lößdecken eingehüllten Rücken des Somogyer Hügellandes mit flachen Hängen an ehemalig weiter südlich gelegenem Seeufer. Aus den weichen Linien der Hügellandschaft heben sich der Várhegy von Fonyód (233 m) und der Doppelberg von Balatonboglár mit ihren steilen, vormals durch die Brandung geformten Klippen, über längere Strecken das frühere Hochufer des natürlichen Seebeckens. Heute schiebt sich ein unterschiedlich breiter, flacher, ehemals versumpfter Uferstreifen, auf dem sich die Mehrzahl der Badeorte der Südküste befindet und auf dem Straßen und Eisenbahnlinien angelegt wurden, zwischen Ufer und Kliff. Am Ostende des Sees bricht mit einem Steilufer das Mezőföld, das bei Balatonkenese eindrucksvolle Höhe erreicht und weite Fernsichten über den Ostteil des Sees gestattet, zum Seebecken ab. Im Südwesten trennt ein flacher sandiger Rücken das Hauptbecken des Balatons vom Kis-Balaton, der im 19. Jh. trockengelegt, jetzt wieder von der Zala durchflossen, teilweise als See reaktiviert wurde. In ihm lagern sich die mitgeführten Sinkstoffe ab, so daß dem Balaton wieder sauberes Wasser zugeführt wird.

DAS KLIMA AM BALATON IST ANGENEHM TEMPERIERT und abwechslungsreich. Die Sommer sind überwiegend kontinental geprägt, sie beginnen im Mai und dauern bis Mitte September, anhaltende Schönwetterperioden herrschen vor. Im kleineren Ostteil des Sees ist der Sommer in der Regel etwas länger und wärmer als im südwestlichen. Vorwiegend im Frühjahr und Frühsommer halten die Berge am Nordufer die kalten Nord- und Nordwestwinde ab. Im Herbst ist besonders der Südwesten des Sees mediterran beeinflußt. Während des ganzen Jahres können aber zeitweilig mit Tiefdruckgebieten in Verbindung stehende ozeanische Luftmassen nach Westungarn und damit auch zum Balaton vordringen. Der plötzliche Luftmassenwechsel verursacht dann heftige, mit Temperaturstürzen verbundene Stürme und geht meist mit ergiebigen Niederschlägen einher, die in den einzelnen Jahren auf unterschiedliche Monate fallen. Im Winter treten häufig mehrere länger anhaltende Frostperioden auf. Auf dem See bildet sich eine geschlossene Eisdecke, die für ihr Auftauen benötigte Wärme verzögert den Beginn des Frühlings, der sich dann aber innerhalb weniger Tage durchsetzt.

Das Mikroklima an der Uferregion wird besonders durch die Sonnenreflexion des Wassers günstig beeinflußt, das wirkt sich vorteilhaft auf den Wein- und Obstbau aus und bräunt die Badegäste am Strand. Die bei Sturm, der durchschnittlich an 15 Tagen im Jahr auftritt, am Ufer auslaufenden mannshohen Wellen folgen in einem Abstand von 4–7 m, was im seichten Wasser eine lebhafte Brandung erzeugt. Gefährdete Uferabschnitte an der Nordseite müssen deshalb weithin mit Steinpackungen geschützt werden.

Am Balaton ist im Sommer der Aufenthalt besonders gesundheitsfördernd. Dazu trägt das milde Klima, die reine Luft, die heilkräftige Sonneneinstrahlung, aber auch die chemische Zusammensetzung des Wassers bei, das einem verdünnten Mineralwasser entspricht. Hinzu kommt die Wirkung der Landschaft mit ihrem Wechsel von sanften und steilen Berghängen, ihren Rebflächen, Obstgärten, Laubwäldern und den durchgrünten Feriensiedlungen.

Der Balaton als Süßwassersee besitzt eine entsprechende Pflanzen- und Tierwelt. Sein mit mineralischen Stoffen angereichertes Wasser ist mit Mikroorganismen durchsetzt. Schilf, Riedgras und Tang schützen die Ufer vor Wellenschlag, führen aber auch zur Verlandung. Sie filtern und reinigen das Wasser, bieten den Vögeln Niststätten und den Fischen Laichplätze. Man zählt etwa 40 Fischarten im See, unter anderen Zander, Karpfen, Weißfische, Welse, Hechte, Schleie und eingesetzte Amurkarpfen. Der Fischbestand wird durch eine planmäßige Fischwirtschaft genutzt. Industrielles Abfischen mit Schleppnetzen ist im Interesse des Sportangelns begrenzt. Die Schilfgebiete entlang der Ufer und des Kis-Balatons im Bereich der Zalamündung bieten den Zugvögeln willkommene Nistplätze, viele Vogelarten brüten hier, u.a. Graureiher, Möwen, Wildenten, Wasserhühner, aber auch der sehr seltene Silberreiher.

Der Balaton und sein Umland bilden eine wirtschaftliche Einheit, obwohl Nord- und Südufer zu verschiedenen Verwaltungsgebieten gehören. Im Sommer übernehmen Schiffe den Gütertransport und Personenverkehr, im Winter überqueren noch immer Pferdewagen oder Pferdeschlitten das Eis des zugefrorenen Sees. An den Hängen der vulkanischen Berge des Nordufers gedeihen Weintrauben und Obst besonders gut, auf den sanften Hügeln des Südufers wird vor allem Getreide angebaut. Aus diesem Grunde gab und gibt es einen regen Handel zwischen Nord und Süd mit Wein, Weizen und Steinen, Ferkeln und Mais.

AM »UNGARISCHEN MEER« hat jede Jahreszeit ihren eigenen Reiz. Der Frühling kommt verhältnismäßig spät – erst dann, wenn die Eisdecke des Sees schmilzt. Doch dann erblühen die Obstbäume fast schlagartig, klingen die Hacken in den Weinbergen und klappern die Gartenscheren in den Obstgärten. Der Sommer gehört den Touristen aus nah und fern. Die Sommerhäuser, die Campingplätze, die Motels und Hotels, die Strände und das Wasser werden von den Urlaubern bevölkert, Schiffe voller Ausflügler verkehren zwischen den beiden Ufern, Straßen und Parkplätze sind von Fahrzeugen fast verstopft. Am schönsten ist der Herbst am Balaton, wenn der See nur sanft bewegt ist und die Sonne mild wärmt, wenn das Laub sich färbt und die Stille tiefer wird. Im Winter friert der See schnell zu. Wo im Sommer Luftmatratzen schwammen und die Windsurfer ihre Bahnen zogen, wo gebadet und gerudert wurde, kann man trockenen Fußes laufen. Die Eisdecke beträgt im allgemeinen 20–30 cm, kann aber bis zu 70 cm erreichen. Den winterlichen Balaton kennen nur wenige, obwohl er auch in dieser Zeit lebt! Eissegeln, Schlittschuhlaufen, Eisbrechen, Schilfabbrennen, Winterfischen sind Beschäftigungen zur Erholung und Entspannung während der kalten Jahreszeit.

Der See hat zwei Gesichter. In den drei Urlaubsmonaten ist er von Besuchern überflutet. In den neun übrigen Monaten des Jahres trifft man nur auf die ständigen Bewohner der Siedlungen um den See. Die Urlauber genießen das Wasser, den Sonnenschein und die schöne Landschaft mit ihren Bergkegeln am Nordufer, die Sonnenauf- und -untergänge, die aufziehenden Wolken, das Spiel der Wellen und die sich oft verändernden Farben des Wassers. Istvan Széchényi, einer der großen ungarischen Denker des 19. Jahrhunderts, hat diese besonderen Geschenke des Balatons in folgende Worte gefaßt: »Der durch Arbeit ermüdete Mensch fühlt neue

Kräfte in seinen Adern, wenn er den Spiegel des Balatons erblickt.«

Während der See in der großen Sommerhitze Abkühlung bringt, können die Thermalquellen und die Heilbäder in der Umgebung auch an trüben und kühlen Tagen genossen werden. Entlang einer geologischen Bruchlinie treten teils natürliche, teils erbohrte Thermalwässer an die Oberfläche. Der heilkräftige Thermalsee von Hévíz und das kohlensäurehaltige Wasser der Quellen von Balatonfüred sind seit langem bekannt. Bohrungen, die man in neuerer Zeit niedergebracht hatte, erschlossen Heilquellen in Zalakaros, Csisztapuszta und Kehida, in Fonyód wurde eine Quelle mit kohlensäurehaltigem Mineralwasser eröffnet.

DER SEE ÜBTE BEREITS IM NEOLITHIKUM auf die Menschen große Anziehungskraft aus. Sein Wasser bot Nahrung, Schilf, Baumaterial, die von Sümpfen umgebenen Hügel gaben den Ansiedlern Schutz gegen Feinde. So bestimmten Wissenschaftler das Alter einer Tongrube, die in Sagvar bei Siófok freigelegt wurde, auf 15000 Jahre. Die geschliffenen Steinwerkzeuge und Tongefäße sowie eine steigende Zahl von Bodenfunden lassen größere Ansiedlungen vermuten. Da der Balaton einst größer war, liegen diese Fundstellen unterschiedlich weit vom heutigen Ufer entfernt.

Einen sehr reichhaltigen Fund aus der Bronzezeit hat man bei Öreglak ausgemacht. Von den kriegerischen Völkern der Eisenzeit wurden Erdburgen errichtet. Die gewaltigen Erdschanzen von Fonyód, Boglár, Szemes und Földvár waren von Kelten bewohnt.

Zu Beginn des 1. Jh. u. Z. wurde Westungarn als Provinz Pannonia dem Römischen Reich eingegliedert. Hier wurden Straßen und Militärlager angelegt, in deren Nachbarschaft Städte entstanden, Ackerbau betrieben und der Weinbau eingeführt. Eine der Straßen, die von Oberitalien nach Aquincum, dem Verwaltungszentrum Pannoniens, führte, verlief entlang des Südufers. Noch immer findet man heute Ruinen, Grabsteine und Gebrauchsgegenstände aus der römischen Antike. Es wird angenommen, daß schon die Römer versucht haben, den Wasserstand des Sees zu regulieren.

Nach dem Zerfall des Römischen Reiches wurden während der Völkerwanderung die Erdburgen erneut von kriegerischen Stämmen besetzt. Hunnen, Goten, Awaren und Slawen lösten einander ab. Der Hauptsitz des christlichen slawischen Fürsten Pribiňa in Zalavár lag versteckt in den Sümpfen des Kis-Balatons. Im 10. Jh. kamen die Ungarn aus dem Osten in das Karpatenbecken, wo sie 997 einen Staat gründeten. Die Gegend um den Balaton wurde von dem Stammesführer Vérbulcsu und seinen Leuten erobert. Den Namen des Sees übernahmen sie wahrscheinlich von den slawischen Siedlern (im Slawischen bedeutet »blato« soviel wie »Sumpf«).

Zu den bereits bestehenden Siedlungen kamen nun ungarische. Vom ersten ungarischen König Szent Istvan (997–1038) wurde 1019 in Zalavár eine Benediktinerabtei gegründet. Die Stiftungsurkunde der Abtei von Tihany wurde 1055 von König Andreas I. (1046–1060) unterzeichnet. Die Benediktinerabtei von Somogyvár erhielt ihr Benefizium von Szent László im Jahre 1091. Alle drei Abteien bildeten seinerzeit die religiösen Zentren rund um den Balaton und bestanden aus Kirchen, Klöstern, Wohnhäusern und Wirtschaftsgebäuden. Zu ihnen gehörten außerdem ausgedehnte Güter und große Dörfer mit Bauern und Handwerkern. Die Benediktinerklöster waren gleichzeitig auch ein Ort weltlicher Bildung: Ihre Bewohner waren schriftkundig, sie kopierten und verwahrten Kodexe und stellten Urkunden aus. Die Größe der romanischen und gotischen Kirchen läßt auf die Größe der damaligen Siedlungen schließen. In den Kirchenschiffen fand die gesamte Bevölkerung Platz.

VOM 16. JAHRHUNDERT AN kann man die Entwicklung in der Umgebung des Balatons bereits auf zeitgenössischen Landkarten verfolgen. Die älteste erhaltene Landkarte Ungarns stammt von Lazarus Savetarius; sie wurde 1528 in Ingolstadt gedruckt. Auf der Karte ist Tihany zutreffend als Insel dargestellt. Gleichzeitig läßt die Karte erkennen, daß bereits am Beginn der Neuzeit die Siedlungen in dieser Gegend dicht nebeneinander lagen. Von den Orten, die es heute noch am Balaton gibt, werden auf dieser Karte bereits genannt: Kenese, Fok (Siófok), Szánto (Szántód), Kereshel (Köröshegy), Hidvég, Csobánc, Szigliget und Tátika – andere blieben unbedeutend.

Das seinerzeit blühende kulturelle und wirtschaftliche Leben in Ungarn wurde durch das vom Süden vordringende türkische Heer unter Suleiman II. nach der Schlacht von Mohács 1526 vernichtet. Während der 150 Jahre andauernden türkischen Besetzung galt der Balaton als wichtigste Verteidigungslinie gegen Westen. Das Südufer mit Siófok war von den Türken besetzt, das Nordufer mit Tihany und der Burg von Szigliget dagegen wurde von den Ungarn beherrscht. Scharmützel und Überfälle waren an der Tagesordnung. Bei Siófok hatten die Türken eine ganze Kriegsflotte stationiert. Von Tihany aus setzten ungarische Soldaten oft über und griffen das Türkenlager an. Erst nach der Vertreibung der Türken (1687) konnten die Dörfer wiederaufgebaut und das Land neu besiedelt werden. In den Dörfern wurden Bauernhäuser mit Säulengängen, aber auch Barockkirchen, Schlösser und Herrenhäuser errichtet. An den Hängen der Hügel wurde wieder Wein angebaut, in den Weinbergen entstanden die ersten steinernen Preßhäuser und Weinkeller. Auf den feudalen Großgütern, den kirchlichen und weltlichen Domänen, wurden Wirtschaftsgebäude, Speicher, Ställe und Wagenschuppen gebaut. Zu den Hauptbeschäftigungen zählten der Weinbau, Fischerei, Schilfgewinnung, Ackerbau und Viehhaltung. An das Wasser kam nur das Vieh zur Tränke, zum Baden wurde es von den Anwohnern des Sees noch nicht genutzt.

ENTDECKT FÜR DIE FREMDEN wurde der Balaton Anfang des 19. Jahrhunderts fast gleichzeitig von Ingenieuren und Künstlern, hauptsächlich Malern und Dichtern. Die Ingenieure sahen in ihm ein technisches Objekt, um mit seinem Wasser Weide- und Ackerland zu bewässern. Maler und Dichter fanden im Balaton und seiner Landschaft ein romantisch-künstlerisches Thema: In Bildern und Geschichten verewigten sie das faszinierende Spiel von Licht und Wasser, die sich über dem See auftürmenden Wolken, die zur Tränke kommenden Tiere, die Wäscherinnen am Strand. Die praktischer denkenden Ingenieure wollten den Kis-Balaton und die

Feuchtgebiete trockenlegen, die Uferlinie regulieren und den Verkehr auf der am See entlangführenden Poststraße sichern. Die Familie Festetics in Keszthely ließ die Segelfähre »Phönix« für den Transport von Steinen bauen. 1846 befuhr das erste Dampfschiff den Balaton. »Bei seiner Ankunft und Abfahrt kommt es an beiden Seiten des Balatons an die Häfen, damit es die Reisenden aufnehmen und hinausbefördern kann«, berichtet eine zeitgenössische Chronik. Einschneidende Veränderungen brachte 1861 der Eisenbahnbau mit sich. Die erste Linie führte von Buda bis Nagykanizsa, von dort weiter nach Triest an die Adria. Die Eisenbahnlinie entlang des Nordufers entstand erst 1909. Für den Eisenbahnbau war die Erschließung des Balatons für den Tourismus nicht der Hauptgrund, sondern man wollte die Personenbeförderung und den Gütertransport zum Mittelmeer beschleunigen. Reisende, die dabei in Siófok ausstiegen, wollten nicht im Balaton baden, sondern in den Heilquellen von Balatonfüred. Auch in Szántód hielten die Schnellzüge, doch nur, weil die Eisenbahngesellschaft von der Tihanyer Abtei beim Landkauf dazu verpflichtet worden war, Reisende auf dem kürzesten Weg zur Fähre zu bringen. Mit der Industrialisierung nahm die Urbanisierung des Landes immer mehr zu, Budapest entwickelte sich Ende des 19. Jh. zur Großstadt. Das Bedürfnis nach Erholung wuchs. Immer mehr Menschen wählten den Balaton als Urlaubsziel. Seit 1882 wurde Balatonalmadi am Nordufer zum Badeort ausgebaut, seit 1892 zwischen Seeufer und Bahn eine Badesiedlung mit Hotels und Park angelegt. Villen und Sommerhäuser, Pensionen und Hotels, Badehäuser und Restaurants schossen wie Pilze aus der Erde. Die Weideflächen am Seeufer wurden parzelliert, und überall entstanden Ferienorte. Der Balaton wurde zum Badeparadies. Immer mehr Persönlichkeiten und Institutionen beschäftigten sich mit dem Balaton, Zeitungsartikel und Bücher erschienen. Schiffs- und Eisenbahnverkehr wurden immer dichter.

Eine der größten Unternehmungen war die von Lajos Lószy sen. betreute wissenschaftliche Buchreihe, die zwischen 1897 und 1928 erschien und in 32 Bänden auf insgesamt 7000 Seiten unter dem Titel »Die Ergebnisse der wissenschaftlichen Untersuchung des Balatons« erstmalig in der Welt und mit dem Anspruch auf Vollständigkeit an eine moderne wissenschaftliche Darstellung die vielschichtigen, mit dem See zusammenhängenden Erscheinungen und Fakten vorstellte. In dem auf Tihany gegründeten Forschungsinstitut werden seitdem die Untersuchungen, insbesondere der Pflanzen- und Tierwelt, fortgesetzt.

HEUTE FÜHRT DER BALATON EIN EIGENTÜMLICHES DOPPELLEBEN. Neben den alten Siedlungen sind weitere neue Ferienorte entstanden. Während der drei Sommermonate wohnen hier Hunderttausende. Zwischen den 20 Häfen des Sees herrscht reger Schiffsverkehr, vom Fährhafen Tihany legt aller 10 Minuten eine Personen- und Autofähre ab. Auf der Eisenbahnstrecke am Südufer verkehren täglich 30 Zugpaare, auf den Straßen zu beiden Uferseiten bewegen sich endlose Autoschlangen. Der Balaton und seine Landschaft müssen deshalb geschützt werden. Niederschläge waschen die von der modernen Landwirtschaft auf Äcker und Weiden aufgebrachten Schädlings- und Unkrautbekämpfungsmittel aus. Oberirdischer Abfluß und Grundwasser führen Schadstoffe in den See.. Das Massensterben der Fische 1965 und 1975 war Anlaß, den wirkungsvollen Schutz des Wassers in Angriff zu nehmen. Auch die Benutzung von Motorbooten auf dem See wurde untersagt, Wasserski von Surfen abgelöst. Einem Verschlammen der Buchten und dem Wuchern des Tangs wird durch Reinigen des Seegrundes entgegengewirkt.

In Tihany wurde ein Landschaftsschutzgebiet geschaffen, am Badacsony wurde der Basaltabbau eingestellt. Die Zersiedlung der gesamten Umgebung des Sees wird durch die Behörden unterbunden. Große Aufmerksamkeit wird auch dem Bau von Trinkwasser- und Kanalisationsnetzen gewidmet. Nur durch einen planmäßigen Umweltschutz kann erreicht werden, daß der Balaton das bleibt, was er einst war: ein Platz zur Erholung. »Alles wird durch das Wasser erhalten!« – so schrieb Goethe in seinem »Faust« 2. Teil. Seit der Balaton mit der Wirtschaft und dem Leben der Menschen verknüpft ist, hat er die Kultur seiner Anwohner mit geformt. Die

Balatonregion ist zu einer interessanten Kulturlandschaft geworden, die spezifische materielle Zeugnisse und geistige Werte hervorgebracht hat.

Natürlich ist diese Landschaft nicht nur auf den schmalen Uferstreifen zwischen Landstraße, Eisenbahnlinie und Wasser oder die Hügelkette beschränkt, von der man auf den See herabsieht. Sie reicht 15 bis 20 Kilometer ins Land. Dazu gehören beispielsweise Veszprém und Tapolca am Nordufer, Marcali und Tab am Südufer. An Regentagen findet der Besucher an beiden Ufern des Sees zahlreiche lohnende Ausflugsziele, Museen und Kunstdenkmäler, sehenswerte Folklore und gewinnt in versteckten kleinen Dörfern interessante Einblicke in bäuerliche und handwerkliche Traditionen.

Unmittelbar am Balaton liegen drei Städte: Balatonfüred, Keszthely und Siófok. Jede hat sich aus einer alten Siedlung entwickelt.

Füred wurde wegen seiner kohlensäurehaltigen heilkräftigen Quellen und seines guten Weins bekannt. Seit Anfang des 19. Jahrhunderts kommen viele Besucher zu den berühmten Annabällen (am 26. Juli) nach Füred. In Sanatorien werden vornehmlich Herzerkrankungen behandelt.

Keszthely wird vor allem wegen des unweit gelegenen Thermalheilbades Hévíz aufgesucht und der Bibliothek des Festetics-Schlosses in der Stadt. (Der Warmwassersee von Hévíz hat eine Fläche von ungefähr 5 Hektar und eine mittlere Temperatur von 33 °C; sein Quellschlund ist ein 36,5 Meter tiefer Krater.) Die Familie Festetics förderte Wirtschaft sowie Bildung und Kultur in der Gegend um den Balaton. Sie gründete 1797 die erste landwirtschaftliche Fachschule Europas, das Georgikon. Außerdem hinterließ sie eine umfangreiche Bibliothek, die heute als Helikon-Bibliothek Weltruf hat. Seit Anfang des 19. Jahrhunderts werden unter Beteiligung von Schriftstellern und Künstlern die Helikon-Feste veranstaltet.

Auf dem Territorium des heutigen Siófok gab es bereits im 10. Jahrhundert eine Siedlung. Fok wird schon in der Gründungsurkunde der Abtei von Tihany (1055) genannt. Der Bau der Eisenbahnlinie, die Nähe zur Hauptstadt und der moderne Badetourismus begünstigten Siófoks Stadtentwicklung. Im Sommer ist Siófok der verkehrsreichste, lauteste Ferienort mit Hochhaushotels, einem bunten, stark frequentierten Markt und zahllosen Vergnügungsmöglichkeiten.

NEBEN DEN GENANNTEN DREI STÄDTEN gehören Badacsony und Tihany zu den am meisten besuchten Orten. Der tafelförmige Badacsony ist vulkanischen Ursprungs, hier liegt auf Vulkanschutt und Lößboden das Zentrum des Balatoner Weinbaus mit den ausgedehnten Weinbergen der Genossenschaften und Staatsgüter, aber auch den vielen kleineren Weingärten der privaten Wirtschaften. Die Pflege der Reben erfolgt wie seit alters. Größtes und zugleich lautstärkstes Fest am Berg ist die Weinlese. Dann gärt hier der Most in den Fässern; die bekannteste Weinsorte ist der Graue Mönch (Szürkebarát). Tihany ist bis heute ein »königlicher« Ort: Das Benediktinerkloster wurde von König Andreas I. gegründet; er ist dort auch beigesetzt worden. Die erhaltenen Räume der Unterkirche zählten zu den Kleinodien der romanischen Baukunst, die darüber errichtete Kirche ist ein bedeutendes Barockbauwerk. Die Vielzahl geologischer, historischer, folkloristischer und künstlerischer Besonderheiten und Sehenswürdigkeiten machen die Halbinsel zu einem großen Freilichtmuseum. Von Tihany aus hat man neben dem Badacsony und dem Berg von Fonyód bei gutem Wetter eine der schönsten Aussichten auf den See – insbesondere in die Bucht von Füred.

RUND UM DEN SEE hat jedes Zeitalter seine Zeugnisse hinterlassen: In Zalavár errichtete der aus Mähren vertriebene slawische Fürst Pribiňa um 830 eine Burg und eine Kirche. Die Schöpfer der kyrillischen Schrift, die Mönche Kyrill und Method, verbrachten hier einige Jahre. Noch heute sind von dieser alten Anlage die Grundmauern erhalten. Die Abtei von Somogyvár war 1091 von Szent László für französische Benediktinermönche gestiftet worden, unter ihnen weilte der König mehrere Male. Nach seinem Tode (1095) wurde er hier bestattet, später wurden seine sterblichen Überreste nach Nagyvárad überführt. Die dreischiffige Basilika, von der nur die Grundmauern stehen geblieben sind, beeindruckt noch heute durch ihre imposante Größe. Die unter den Trümmern gefundenen Steinmetzarbeiten gehören zum wertvollen Bestand der romanischen Kunst . . .

Überall dort, wo die mittelalterlichen Kirchen durch Kriege, den Mongolensturm oder die Türkenherrschaft zerstört wurden, verdienen auch geringe, noch erhaltene Überreste Beachtung – so z. B. die Ruinen einer romanischen Kirche in Révfülöp, die Bruchstücke gotischer Fresken in Keszthely und eines Renaissanceraumes zur Aufbewahrung der Monstranz in Balatonszemes. Oft sind es nur Mauerreste, manchmal wurde infolge von Umbauten nur ein Säulenkapitell gerettet.

Als die Türken immer weiter nordwärts vordrangen, mußten Bollwerke gegen sie gebaut werden. Auf den steilen Bergkegeln um das Tapolcaer Becken entstanden immer neue Burgen, alte wurden verstärkt. Die Burgruinen von Szigliget, Csobánc und Tátika blieben bis heute erhalten. Die Geschichte dieser Burgen ist weitgehend belegt, die Namen der Burgherren sind bekannt, ihr Schicksal ist oft literarisch verarbeitet worden. Die Ruinen haben die Phantasie der umwohnenden Menschen angeregt, abergläubische Vorstellungen geweckt; Sagen und romantische Legenden entstanden.

VOLKSKUNST, VOLKSDICHTUNG und traditionelle Lebensformen wurden in den Dörfern um den Balaton lange gepflegt. Für den Bau ihrer Häuser verwendeten die Bewohner Baustoffe aus ihrer unmittelbaren Umgebung: Die Mauern wurden aus Feldsteinen errichtet, die Dächer mit Schilf gedeckt. Einige besonders schöne Bauernhäuser haben sich erhalten, in ihnen sind wie in Tihany, Zamárdi und Balatonszentgyörgy meist Volkskunst- oder Landschaftsmuseen untergebracht. Weben und Schnitzen waren eine weitverbreitete Kunstfertigkeit. Die Hirtenschnitzereien aus dem Komitat Somogy, die Spitzenarbeiten aus Balatonendréd, die Strickereien aus Buzsák sind bemerkenswert.

Das gesamte naturkundliche, archäologische und ethnographische Material über den Balaton wird vom Balaton-Museum in Keszthely gesammelt. Außergewöhnlich reichhaltig sind dort die Abteilungen über die Römerzeit und die Ethnographie. Außer dem Balaton-Museum sind noch kleinere Museen für spezielle Bereiche zu nennen: so das Postmuseum in Balatonszemes; das Museum für Schiffahrt und Wasserwirtschaft in Siófok; eine ständige Ausstellung über das Leben des in Siófok geborenen Komponisten Emmerich Kálmán (1882–1953); eine Waffensammlung in der Sternburg von Balatonszentgyörgy; eine ständige Ausstellung von Werken des Malers Jószef Egry, der in Badacsony gelebt hat und in dessen künstlerischem Schaffen der Balaton eine besondere Rolle spielte; und in Szántodpuszta reiches Material über Wirtschaftsgeschichte, insbesondere Weinbau, Ethnographie und Naturkunde.

Die Seefläche ist ein getreues Spiegelbild des weitgespannten Himmels mit einem unübertroffenen Farbenspiel: bei Sonnenschein und klarer Luft erscheint sie tiefblau; bei Sturm, der den See bis zum Grund aufwühlt, flaschengrün, im Wolkenschatten breiig trüb. Sie hat deshalb Schriftsteller und Maler immer wieder inspiriert. Mor Jokai (1825–1904) verglich das Bild, das sich ihm durchs Abteilfenster des Zuges auf die Berge des Nordufers bot, mit einem Zauberkunststück, das sich vor den Augen der Reisenden täglich aufs neue wiederholt. Attila Jószef weilte oft am Balaton, bis ihn in Balatonszárszo 1937 sein tragischer Tod ereilte. In Siófok verbrachte der Romancier Gyula Krúdy (1878–1933) regelmäßig den Sommer. In Füred suchte Lörinc Szabó (1900–1957) Heilung; hier gesundete Rabindranath Tagore (1861–1941); Tibor Déry (1894–1977) verbrachte hier seinen Lebensabend. Auf der Halbinsel Tihany fand László Németh (1901–1975) ein Zuhause; in seinem Haus zwischen Tihany und Füred arbeitete László Passuth (1900–1979), heute wohnt der Bildhauer Miklós Borsos (geb. 1906) da. Hier entstanden ihre Werke über den Balaton, sie gehören zu den anspruchsvollsten, beständigsten Bekenntnissen zum See und seiner Umgebung . . . Und auch derjenige wird etwas von der Schönheit dieses Sees mitnehmen, der seine Gedanken und Empfindungen nicht auf dem Papier oder der Leinwand zum Ausdruck bringen kann: der nur schweigt und schaut, der nur aufnimmt und sich erfreut.

M61 007

2
3
4

6
7

1 Eisenbahnlinien und Landstraßen verbinden die Ufersiedlungen des Balatons mit ganz Europa
2 Festungskirche von Vörösberény, erbaut Ende des 13. Jh.
3 Ehemalige Kirche der Jesuiten in Vörösberény (um 1770)
4 Balaton in der Abenddämmerung
5 Segelboote vor der Bucht von Tihany
6 Das flache Wasser am Südufer erwärmt sich im Sommer sehr schnell und bietet groß und klein ideale Bademöglichkeiten
7 Teilansicht der Hotelzeile in Siófok
8, 9 Zwischen den Hotels dehnen sich Campingplätze in Siófok
10 Auch die Windsurfer eroberten sich den Balaton

1

11 Regelmäßig und in dichter Folge verkehren die Fähren zwischen Tihany und Szántód

12 Balatonfüred. Die vielen Bäume an der Uferpromenade wurden von berühmten Kurgästen gepflanzt – so u. a. von Rabindranath Tagore 1926 und von Salvatore Quasimodo 1961

13 Kurplatz beim Krankenhaus für Herz- und Kreislauferkrankungen in Balatonfüred

14 Gaststätte in einem Schiff, das auf der Werft in Balatonfüred gebaut wurde

15 1831 hatte man in Balatonfüred ein festes Theater gebaut, sechs Säulen, die heute im Park aufgestellt sind, erinnern daran

16 Halbinsel Tihany

HAJÓ PRESSZÓ
HELKA

15
16

17
18
19

17 Kanzeldetail (Schnitzarbeiten von Sebestyén Stuhlhof, 1723–1779) in der Abteikirche von Tihany
18 Das Benediktinerkloster von Tihany wurde 1055 von König Endre I. gegründet. Blick in die Krypta der Kirche (11. Jh.)
19 Die Barockkirche von Tihany mit ihren beiden Türmen wurde 1754 fertiggestellt
20 Dorf Tihany auf der gleichnamigen Halbinsel
21, 23 Fenster eines Bauernhauses
22 In Szántódpuszta hatte sich im 18./19. Jh. ein größeres wirtschaftliches Zentrum entwickelt. Heute ist hier das Zentrum für Kultur und Fremdenverkehr
24 Landschaft auf der Halbinsel Tihany
25, 26 Noch ist der Balaton reich an den verschiedenen Süßwasserfischen

SIG

27 Herzförmige Grabsteine auf dem alten reformierten Friedhof von Balatonudvari
28 In Dörgicse: Ruine der romanischen Kirche aus dem 13. Jh.
29 Geologische Sehenswürdigkeit von Kövagoörs ist das »Steinerne Meer«. Die Steine sind Überreste nachvulkanischer heißer Quellen
30 Frühsommer bei Zánka
31 Aussicht auf den alles beherrschenden Szent György-hegy

GÓ PÁL
GÓ LAJOS
ENKE FERENC
ÉGH KELEMEN
ENE JÓZSEF
ENE VENDEL
SS LAJOS
ERESBAI JÓZSEF
ELEVIC ISTVÁN
SVALD SÁNDOR
AGYAR FERENC
SIMON
SIMON
SIMON
SIMON
SIMON
SIMON
SIMON
LAKOS
CSIZMADIA
CSIZMADIA
MOLNÁR
1907
TAURÁLTA
AMERIKÁBA VÁNDOROLTAK
RIGÓ

32 Tafel zum Gedenken an die Auswanderer nach Amerika 1904 in Balatonszentgyörgy
33 Szent György (Sankt Georg) besiegt den Drachen, barockes Denkmalfragment am Szent György-hegy
34 Kruzifix am Szent György-hegy (St. Georgsberg)
35 Die berühmten »Basaltorgeln« am Szent György-hegy
36 Restaurierte Kapelle (13. Jh.) am Westhang des Szent György-Berges auf der Flur von Hegymagas
37 Altes Bauernhaus
38 Weinlese in Badacsony
40 Alte hölzerne Weintraubenpresse – ein technisches Denkmal
41–43 Winzerfest am Balaton. Momentaufnahmen von den »Dionysien der Gegenwart«

5
6
7

3
3
4

44–46 Weinverkostung
47 Turmruine (Avas) der Kirche des Dorfes Szigliget (13. Jh.)
48 Landschaft bei Balatongyörök
49 Klassizistisches Schloß Eszterhazy in Szigliget. Heute das Haus des Verbandes der Kunstschaffenden
50 Uferpartie bei Tihany im Frühherbst
51 Die Bucht von Szigliget. Im Hintergrund der Badacsony

ELŐTT AZ ASZTALOKAT

4
4

52
53
54

52 Das Festetics-Schloß in Keszthely, hier ist u.a. eine reichhaltige Bibliothek untergebracht

53 Das Pethö-Haus in Keszthely, in dem der Komponist Carl Goldmark (1830–1915) geboren wurde

54 Hotel Helikon in Keszthely

55 Der Thermalsee von Hévíz ist der bedeutendste Europas und dient Heilzwecken

56 Romanische Kirche von Egregy unweit Hévíz

57 Alte Wassermühle in Örvényes

58 Blick vom Turm der Burgruine Kinizsi

59 Funde einer Römersiedlung aus dem 1. Jh. u. Z. in Balácapuszta bei Veszprém

60 Csillagvár (Sternenburg) bei Balatonszentgyörgy. Sie wurde um 1820 von der Familie Festetics als Jagdhaus erbaut

61–63 Typische Bauernhäuser aus der näheren Umgebung des Balatons

ISTVANDI IOSEF
EPETETTE
1825

64 Litér. Eingangstür in den Überresten einer Kirche (13. Jh.)
65, 66 In Balatonföldvár: im Hof der alten Csarda, moderne Hotels
67–69 Der Fremdenverkehr am Balaton sichert dem Handel einen guten Umsatz
70, 71 In Buzsak findet jedes Jahr am 20. August Kirmes statt
72 Winter in den Weingärten am Balaton
73 Eissegeln auf dem Balaton
74 Verwaister Anglersteg bei Revfülöp – Abschied vom Badesommer

DIVATÁRU

7
8

SI
COLA

7
7